Primera edición febrero de 2025

© Daniel Zazo Gil
© de esta edición, Editorial Páramo
www.editorialparamo.com
editorialparamo@gmail.com / 646346731

ISBN: 978-84-128896-7-3
Núm. DL: VA 71-2025
Impreso en España – Printed in Spain

LA
LITURGIA DE
LA CARNE

Daniel Zazo

editorial
PÁRAMO
*
lírica

LA
LITURGIA DE
LA CARNE

Daniel Zazo

"En este conocimiento de la cruz me era dado tanto fuego que, estando tan cerca de la cruz, me quité todos los vestidos y me ofrecí toda a él."

Ángela de Foligno, *Memorial*

"La primera la memoria de la Pasión. La segunda una enfermedad corporal. La tercera recibir de Dios tres heridas (…) la herida de la verdadera contrición, la herida de la compasión de amor y la herida del anhelo de la voluntad de Dios."

Juliana de Norwich, *El libro de las revelaciones de Amor*

"En pleno delirio sexual, cualquiera tiene derecho a compararse a Dios."

Emil Cioran, *Conversaciones*

I

PÓRTICO

SACRALIZAR LO PROFANO SIN PROFANAR LO SACRO: UNA DECLARACIÓN DE INTENCIONES

Esto no es un desafío a lo sagrado,
todo lo que aquí figura
procede de la inhóspita región
donde se anuda la carne y el espíritu,
del punto exacto en el que se desvanece
la escuálida frontera
entre la mística
y la pulsión erótica
y donde no siempre se deja claro
el inicio del tiempo de la parusía
y el lugar que reclama para sí el orgasmo.

No hay provocaciones gratuitas
ni una burda ofensa a las creencias,
detrás de estos versos
se alberga una honesta intención:
sacralizar lo profano
sin profanar lo sacro.

II

LITURGIA DE LA PALABRA

RITO

El rito libera y transgrede
pero no para provocar el caos,
sino para reafirmar
una vez más el orden.

LOS RENGLONES TORCIDOS DE DIOS

No somos las fieras domadas de Dios,
por eso, en cada encrucijada
entre la búsqueda y el arraigo,
decido abandonar la guarida
y tomar partido por la imprecisa ruta del azar.

Puede que nunca aprenda a escribir recto
sobre los renglones torcidos de los días.

LAS HIJAS DE LOT CONTEMPLAN LAS COLUMNAS DE HUMO SOBRE SODOMA

Por más que llueva fuego y azufre
sobre las colinas circundantes de Sodoma
se antoja inaplazable el festival de los cuerpos,
esa avalancha de piel y saliva,
que con la insidia de la bestia
devasta pétalos y estambres
en el vientre hinchado de la noche.

SALOMÉ RECLAMA LA CABEZA DEL BAUTISTA

Se estremeció pero no se derrumbó.
Por eso prefirió el suplicio del mártir
al castigo del pecador.

POLÍPTICO DE LO DEVOTO Y LO IMPÍO

Orgasmo:
apresar un relámpago con las manos.

***

La fría disección anatómica del deseo
choca de bruces contra esta inaplazable sed de fe.

***

El fuego es una prisión,
el mar, la promesa de libertad.

***

El futuro es la mentira que al oído
la serpiente nos susurró.

***

Las historias tienen siempre dos caras,
por eso existen los espejos.

***

Transverberación:
apoteosis de la carne comulgada.

LAS BODAS DE CANAÁN

"Jesús les dijo: Llenad estas tinajas de agua. Y las llenaron hasta arriba. Entonces les dijo: Sacad ahora, y llevadlo al maestresala. Y se lo llevaron. Cuando el maestresala probó el agua hecha vino, sin saber él de dónde era, aunque lo sabían los sirvientes que habían sacado el agua, llamó al esposo, y le dijo: Todo hombre sirve primero el buen vino, y cuando ya han bebido mucho, entonces el inferior; más tú has reservado el buen vino hasta ahora."

Juan 2:1-12

Serán nuestras bodas de Canaán,
no convertiremos el agua en vino
sino el polvo en eslabón,
el papel en espiga,
el esperma en zumo,
la renuncia en deseo,
la celda en camino,
la clausura en libertad.

PROHIBIDO GANARSE EL PAN CON EL SUDOR DE LA FRENTE

"Nadie debería trabajar jamás. El trabajo es la fuente de casi toda la miseria existente en el mundo. Casi todos los males que se pueden nombrar proceden del trabajo o de vivir en un mundo diseñado en función del trabajo. Para dejar de sufrir, hemos de dejar de trabajar. Eso no significa que tengamos que dejar de hacer cosas. Significa que hay que crear una nueva forma de vida basada en el juego: en otras palabras, una revolución lúdica."

La abolición del trabajo, Bob Black (1985)

Adán y Eva fueron expulsados del Paraíso
y sobre los hombres cayó una terrible maldición:
de ahora en adelante
se tendrían que acostumbrar
a ganar el pan con el sudor de su frente.
Ojalá se hubieran negado a acatar
ese imperativo mandato
en un arrebato de arrojo y osadía.
De haber sido así,
hoy rendiríamos culto
a los primeros mártires libertarios
por haber logrado la abolición del trabajo.

LA MANADA EN EL MONTE DE LOS OLIVOS

"Con esta pregunta le estaban tendiendo una trampa, para tener de qué acusarlo. Pero Jesús se inclinó y con el dedo comenzó a escribir en el suelo. Y, como ellos lo acosaban a preguntas, Jesús se incorporó y les dijo: Quien esté libre de pecado, que tire la primera piedra."

Juan 8: 6-7

Que tire la primera piedra
el que esté libre de pecado.

Y los fariseos, ebrios de venganza,
en una demostración de delirio colectivo,
lo sepultaron bajo una lluvia de peñascos.

GETSEMANÍ

"Aun mi íntimo amigo en quien yo confiaba, el que de mi pan comía, contra mí ha levantado su calcañar."

Salmos 41:9

La traición de Judas Iscariote se consumó,
a lo lejos se escuchan los pasos del verdugo
y el tintineo de las treinta monedas de plata.
El consuelo del ángel anuncia lo inminente,
los apóstoles apartan de él el cáliz
y el sudor empieza a tornarse espesa sangre.

No habrá consuelo para aquel
que carga sobre su espalda
el peso muerto del remordimiento.

PURGATORIO

El ocaso expira su último aliento,
se enrojecen los muros de la tarde
y las cigarras inauguran con su canto
el manso oleaje del crespúsculo.

Por hoy ya está bien,
ni se te ocurra pedirle algo más
a los últimos estertores del día.

PRENDIMIENTO

No vemos más que lo evidente,
lo que le interesa al poder.
Tememos al azufre y al fuego,
a la plaga de langostas,
a los mares de sangre y al granizo.
Si quieres ir más allá
y que tu mirada rebase la lontananza,
no te conformes nunca con el primer plano
y busca los puntos ciegos de la razón,
vacía el depósito del miedo,
abandona el letargo
—prisión provisional de los sentidos—
y atrévete a ser dueño de la utopía.

Tampoco permitas domesticar el deseo
ya que, de inmediato, dejará de serlo
y sin apenas darte cuenta
habrás arrancado de cuajo su esencia.

Entre arremeter contra la autoridad
o acatarla sin rechistar,
media la misma distancia
que entre apresar a los mercenarios del capital
o a Barrabás.

LA MUERTE DE LA VIRGEN

Nada liga más lo sagrado al sentir popular
que *La muerte de la virgen* de Caravaggio.
Ese lazo es mucho más firme
que las sogas que anudan los misterios.

Sin embargo el lienzo fue un escándalo
desde el escorzo en primer plano
hasta el denso telón que oscila sobre la alcoba.

Que el pintor quiso hacer política queda claro
desde el instante que decide
mostrar sus pies descalzos,
las pálidas piernas, el pelo alborotado
y su vientre levemente hinchado.

Bendita osadía restaurar la dignidad
de aquella prostituta ahogada en el Tíber
grabando su cuerpo en las retinas
de toda la humanidad.

ANOCHECER EN LA CALLE KARL JOHAN

Cómo ser árbol si mis raíces no tienen patria
y si la única sombra que fui capaz de arrojar
a lo largo de la vida fue la del eterno quizás.

Por eso confieso, ahora que estamos a solas,
que siempre me reconocí en ese personaje
del aterrador lienzo de Munch
que camina a contracorriente de la multitud,
—alienada procesión de rostros fúnebres,
alborotada feria de plástico y maquillaje—
huyendo de la impostura y su disfraz
hacia el destierro en la lejana región de Nod.

III

HOMILÍA

PLEGARIA

En todo animal habita una plegaria:
ahorcar con sus propias barbas al profeta
y entregar sus restos a los cuervos.

EN OCASIONES LA FE TAMBIÉN
DEFIENDE LA DUDA

"Es, pues, la fe la certeza de lo que se espera, la convicción
de lo que no se ve."

Hebreos 11:1

La fe tiene más que ver con la abeja
que encerrada por un crío en un tarro de cristal
sueña con atravesarlo
y no ceja en su empeño, una y otra vez,
que con el farol que abre camino
en mitad de la noche oscura
o con el cuchillo que se afila en busca
del corte limpio y certero de la fruta.

TEMPLO

Igual que la sidra es el espíritu de la manzana
la noche es el templo sagrado de la verdad,
así que acude a ella con todas tus plegarias
y arrodíllate en señal de respeto,
que no te falte el flagelo y la corona de espinas
y acata la inaplazable decisión de tu Dios.

PROCESIÓN DEL MISERERE

Recuerdo con todo lujo de detalles
la primera vez que me clavó su aguijón.
Fue tras la algarabía de campanas
la medianoche de un Viernes Santo
del noventa y cinco.
Un niño de diez años del brazo de su abuela
frente a la ermita del Humilladero.
Allí me sobresaltó la rotundidad del silencio
violado únicamente por el son de las cadenas
que arrastraba el tobillo descalzo del Nazareno.

Con el madero a cuestas me aventuré a preguntar:
—¿Qué murmuran, abuela?
Ella, con un ligero bisbiseo pareció musitar:
—*La oración de los arrepentidos.*

Y fue entonces cuando perforó la frontera de la piel
y se alojó para siempre en mis entrañas.
Nunca se olvida la noche
en la que se conoce por primera vez el miedo.

ORACIÓN

Oficiar no ya una misa
sino una ceremonia secreta
en la cima de la desesperación
para los que como yo se decantaron
por los renglones torcidos de Dios,
también para los que, extraviados
en el pesebre del tiempo,
se arrogan una de las tareas más bellas:
la defensa del silencio
a golpe de palabras
y, cómo no, para todos aquellos
que, huérfanos de confesión,
suplican de tus labios la última homilía.

LA TORRE DE BABEL

Caer en lo más hondo de la sima
por reivindicar el exceso
para regocijo de los ángeles,
y satisfecha la sed y el instinto
caminar de nuevo sobre las brasas.

No encuentro mejor recompensa
al frío glacial de la duda
que ser saeta atravesando a San Sebastián.

No encuentro mejor recompensa
a abandonarse a la dulce atracción del pecado
que la quijada de Caín sobre el cuerpo de Abel.

EL PECADO ORIGINAL

Con las primeras luces del alba
tomó la forma de crisálida.

No siempre somos capaces de percibirlo,
es más, a veces hasta lo negamos,
pero el deseo encierra una larva de desdén,
de confusa náusea en el centro del vientre
que permanece oculto a la hora de las hienas.

HUIDA A EGIPTO

No existe el hogar,
solo un cielo de estaño
huérfano de estrellas
surcado por bandadas de grajos
y esta tierra de nadie a la intemperie
abonada con el azufre
que derraman a su paso las banderas
y los restos de metralla de la patria.

NOLI ME TANGERE

Recuerdo lo que me sucedió la primera vez
que decidí atravesar por mi cuenta y riesgo
el umbral de una iglesia:
me estremeció el incisivo eco del silencio
y una extraña fuerza ajena a mí
me empujó raudo a encender una vela.

Será que no soporto el rostro de la penumbra,
su soberbia a la hora de sostener la mirada
a aquel niño que temblaba aterrado
ante una ingrávida presencia
que nunca supo explicar.

Ahora entiendo de dónde procede la costumbre
que arrastro desde pequeño,
de ser incapaz de abandonarme al sueño
si no permanece una luz encendida.

QUEMAR LAS NAVES

El miedo disciplina, lo sé.
Siempre se inclina por nadar y guardar la ropa.
El arrojo, en cambio,
se decanta por el riesgo.
De ahí su fiero mandato:
frente a las notas de la cítara de Orfeo,
el embrujo del canto de las sirenas.

Sé como Butes,
abandona el barco
y sucumbe a su hechizo.
Vuela todos los puentes,
quema las naves
y, como la mujer desnuda
en la arquivolta del Pórtico de la Gloria,
si echas la vista atrás
que sea para desandar cada uno de tus pasos.

IV

PROFESIÓN DE FE

SEÑAL DE LA CRUZ

No tengo ningún reparo en reconocer
que nunca he tenido del todo claro
el orden de los pasos
al hacer la señal de la cruz.

Quizá por eso confundo con tanta frecuencia
la desesperación y la plenitud,
la duda y el asombro.

VIERNES SANTO EN SEVILLA

Frente a mí se detiene un paso procesional
y por primera vez una lágrima
se derrama sobre mis pies descalzos.
Los costaleros, bajo palio y con suma delicadeza,
soportan sobre su séptima vértebra cervical
el peso de una imagen de insólita belleza:

Así fue como en Sevilla
durante la Semana Santa del dos mil seis,
bajo el aroma a incienso y el hechizo de los cirios
y por el tiempo que duró ese breve instante,
recobré aquello que los católicos llaman fe.

MILAGRO

Ni la resurrección de Lázaro
en la aldea de Marta y María,
tampoco la curación de un leproso en Galilea
ni la multiplicación de los panes y los peces
tras el Sermón de la Montaña.
Mi cuerpo surgiendo de tus dedos
como emerge una obra de Miguel Ángel
del bloque de mármol a golpe de cincel,
o como se alza, ante los ojos del escéptico,
un enorme lomo arqueado del fondo del Lago Ness.

Ese sí es el auténtico milagro.

ALMA

Es el alma un animal interior,
a veces dócil letargo
y otras un tren de mercancías
que
descarrila
en
mitad
de
la
madrugada.

LA TRANSVERBERACIÓN DE
TERESA DE ÁVILA

"Veíale en las manos un dardo de oro largo, y al fin del hierro me parecía tener un poco de fuego. Este me parecía meter por el corazón algunas veces y que me llegaba a las entrañas. Al sacarle, me parecía las llevaba consigo, y me dejaba toda abrasada en amor grande de Dios."

Capítulo 29 de *El libro de la vida*, Teresa de Jesús.

Y, tras el impacto de la flecha,
el sudor en el alma,
el contraste de sus ojos entornados
con los labios abiertos
que agitados reclaman el beso,
sus manos abandonadas
al antojo del espasmo,
el pálpito desbocado
bajo el pesado manto
de carne atravesada,
el gemido sordo
y
el
deliquio.

DESAFÍO EN LAS INMEDIACIONES
DEL JARDÍN DEL EDÉN

"Expulsó, pues, al hombre; y al oriente del huerto del Edén puso querubines, y una espada encendida que giraba en todas direcciones para guardar el camino del árbol de la vida."

Génesis, 3:24

Lo razonable deja de estar al alcance
de los ojos del fanático
cuando los labios empuñan la espada ardiente
a
las
puertas
del
Jardín
del
Edén.

DÍPTICO DE LO DIVINO Y LO PROFANO

Lo que se opone al imperio de la razón
no es la fe sino la lógica de lo absurdo.

***

Entre el orden y la protesta
y el método y la sensibilidad,
la súbita rebeldía del azar.

FALSO CONVERSO

Otra vez ese nudo en el vientre,
los tambores en la sien
y los labios empuñando las espadas del deseo.

Tras el prodigio,
el impío recupera la fe.

LAS TENTACIONES DE SAN ANTONIO ABAD

"Por mi parte os digo: si vivís según el Espíritu, no daréis satisfacción a las apetencias de la carne. Ahora bien, las obras de la carne son conocidas: fornicación, impureza, libertinaje, idolatría, hechicería, odios, discordia, celos, iras, rencillas, divisiones, disensiones, embriagueces, orgías y cosas semejantes, sobre las cuales os prevengo, como ya os previne, que quienes hacen tales cosas no heredarán el Reino de Dios."

Gálatas 5: 16-21

No sucumbir a los ojos de los búhos
ni a la farsa de la serpiente
y ser capaz de retirar la vista,
todo lo rápido que el deseo te lo permita,
del vuelo del murciélago
para no padecer la condena
de mirar por lo siglos de los siglos
a través de los ojos de los cerdos.

Por eso con apenas veinte años
arrastraba tras de sí el peso
de al menos tres retiros:
de la aldea a una sepultura vacía
en la falda de una montaña.
De allí al desierto y de esa región inhóspita,
a las orillas del Mar Rojo.

El Bosco lo retrató en un paisaje
casi oculto por las hojas de los árboles
y, aunque en un espacio así todo puede suceder,
San Antonio se mantiene impávido,
con la mirada perdida,
ataviado con su sayal con capucha
como quien esconde en su pudor toda la fuerza
y como quien ejerce un vasto dominio sobre el
                                    maligno.

Félicien Rops fue más allá,
nos legó una estampa profana:
un dibujo hecho a lápiz en color
donde el ermitaño, desbordado por una lasciva visión
—el revoloteo de calaveras, la mujer que emerge de
                                    la cruz
y el diablo tras el travesaño ansiando el desenlace—
se lleva las manos a la cabeza
y deja que el primitivo escalofrío deje paso a la
                                    belleza.

Que nuestra naturaleza es corrupta
y que en nuestro interior anidan monstruos
que al mínimo síntoma de vulnerabilidad
nos atormentan y nos restan las fuerzas que nos
                                    quedan,
lo constató Max Ernst en su onírica interpretación.

Pero de todas ellas
—ni la de Brueghel, Ensor o Dalí—,
me quedo con la de Celedonio Perellón:
el santo encuentra refugio en el tronco de un árbol
y capta el instante en el que el desenfreno
está a punto de devastar el enjuto límite
que concilia el erotismo y la pornografía.

AUTO DE FE

Sé cuál será mi destino.
Siempre rechacé todo tipo de dogmas
y heredé de mis ancestros
la irreverencia de hereje
y el desafío a la autoridad de la Iglesia.

Nada amansará la cólera del Inquisidor.
No habrá cilicio ceñido a la carne
ni azote del flagelo sobre la piel.
No me concedieron periodo de gracia
y apenas tuve tiempo de desfilar
por las calles de mi ciudad
con el sambenito de poeta.

Impío por mis libelos,
blasfemo por mis diatribas.
El Santo oficio tenía ya decidido el veredicto:
ni penitencia ni reconciliación,
este proscrito merece la hoguera
y el destino de sus versos
ser inflamable pasto de las llamas.

MÁRTIR

Soy el mártir de una fe perdida
así que, por favor, escríbeme pronto
y hazlo para negar el miedo,
para poner fin al ayuno y la abstinencia,
al hastío y al desdén ante este cuerpo
que hace tiempo me reclama
y, presa de lo imposible, no consigo espolear.

CULPA Y CASTIGO

Resulta imposible
profesar el credo de una religión
que desconozca el significado de la culpa
y de todo lo que entraña el castigo,
sería algo así
como la escultura de una hoguera
o de un suelo que, negando a Moisés sobre las aguas,
cede al paso de todo el que camina.

V

EUCARISTÍA

EL ORIGEN DEL MUNDO EN UN PEQUEÑO MANUSCRITO DEL SIGLO XIV

La miniatura del Salterio de Bonne
nada tiene que ver con la lanza de Longinos
y la herida de Cristo en el costado,
sino con desvelar al común de los mortales
el origen del mundo quinientos años antes
que el polémico lienzo de Courbet.

ÁRBOL DEL PARAÍSO

Soy árbol invadido por los pájaros.
Su alborotado batir de alas me excita.
No creo que pueda aguantar por mucho tiempo
el acompasado zarandeo del ramaje,
presiento próximo el escalofrío en la raíz.

LA CUEVA DEL MILAGRO

"Toda forma de éxtasis suplanta a la sexualidad, la cual no tendría ningún sentido sin la mediocridad de las criaturas. Pero como estas apenas poseen otro medio de evadirse de ellas mismas, la sexualidad las salva provisionalmente. Dicho acto excede a su significación elemental, es un triunfo sobre la animalidad, dado que la sexualidad, fisiológicamente hablando, es la única puerta que se abre sobre el cielo."

Emil Cioran, De lágrimas y santos, 1988

En tu vientre todo era húmedo derroche,
trasiego de jugos,
la sagrada memoria del pan
entre los pliegues de la estrecha sima,
el blanco bramido de la nieve
tras la liturgia de la carne
y restos de incienso del perfume
en tus entrañas.

Instantes después y aún preso del temblor,
retirar la boca,
mirarse en el espejo
y reconocer en la periferia de los labios
la pulpa del cielo,
el denso cerco de la miel.

CAPILLA SIXTINA

Es un tratado del alma humana,
de sus más bajas pasiones:
de su satisfacción o de su freno,
de la tiránica violencia de Eros
en la oscuras estancias de la *stufa*.

Del beso ambiguo de los salvados
que celebran su amor ante los ojos de Dios
al condenado que nada puede hacer
frente al ofidio que devora su sexo.

Todo es masa y remolino,
pánico y tumulto,
ímpetu y deseo,
arrebatado comercio de carne
bajo ríos de azufre y fuego.

El fresco es una madeja de cuerpos
y un nudo de músculos y nervios
que se debate entre el sarcófago de la tiniebla,
los ecos profundos de la tierra
y los destellos de luz del firmamento.

MOISÉS HACE BROTAR EL AGUA DE LA ROCA Y YO SIGO LA LUZ QUE EMITE LA LUCIÉRNAGA EN EL PECHO

El deseo es un nudo que justifica el riesgo,
por eso no podré entrar jamás
en la región de la tierra prometida.
Canaán no será más que un espejismo
en los últimos compases de mi biografía.

Como Moisés durante su travesía en el desierto,
perdí el gobierno de mis propios actos,
que, ante mi sorpresa,
se declararon insumisos.

Habló el cuerpo, sí:
quién si no sería capaz
de legitimar el salto al vacío
de amar sin cautela.

Él desobedeció la orden de Dios,
yo solo me dejé llevar por la luciérnaga
que revoloteaba en los abismos de mi pecho.

LAMER LAS LLAGAS

Hay besos que se dan con la memoria
escribió Gabriela Mistral.
Y yo me permito añadir,
—perdón por la licencia—,
de ahí las hogueras en el vientre.

Por eso escuece tanto este bálsamo:
lamer las llagas
al
bajar
las
escaleras
de
la
noche.

KALE BORROKA

Ningún acto de amor encierra tanta ternura
como ese cóctel molotov que surca el cielo
en la espesa noche de la tiranía.

DIES IRAE

Es la antesala de la destrucción.
Siete ángeles hacen sonar sus trompetas
por todos los santos que perdieron la fe,
por las novicias que se dejaron seducir,
por la virgen que cambió el pesebre
para dar a luz en un sórdido bazar,
por los fariseos que se rasgaron las vestiduras
y por los mercaderes —sicarios del capital—,
que habían convertido aquella casa de oración
en la cueva de ladrones de Alí Babá.

No habrá piedad para las ovejas descarriadas
el día del Juicio Final.

APOSTASÍA

Que se trata de un pecado
contra la virtud de la fe
ya lo sé.
De hecho, poco más aprendí
en aquellas clases de religión
que pretendiendo ser almíbar
siempre arrastraban
el invasivo aroma del alcanfor.

Así que, llegados a este punto,
asumo todas las consecuencias:
deserto,
niego,
renuncio
y abjuro
de la pesada losa
impuesta contra mi voluntad.

ALELUYA

¿A quién encomendarás tu espíritu
cuando ella no esté?
¿Por quién mascullarás esa oración
que en las interminables noches de invierno
de tantas veces repetida
aprendiste de memoria?

No habrá voladura controlada,
se desmoronará la catedral de ensueño y luz
que fundaste en los dominios de aquella piel.
Las fotografías que un día fueron lumbre
hoy serán montículos de pavesas
y nadie entonará un aleluya
al alcanzar el punto de luz
en medio de toda esa negrura.

VI

COMUNIÓN

EL BECERRO DE ORO EN EL MONTE SINAÍ

"Bien pronto se han desviado del camino que yo les man-
dé. Se han hecho un becerro de fundición y lo han adorado,
le han ofrecido sacrificios y han dicho: 'Este es tu dios, Is-
rael, que te ha sacado de la tierra de Egipto'."

Éxodo 32:8

Te ofrezco mi cuerpo en sacrificio.
Ya es demasiado tarde para expiar mis pecados.
Yo que nunca oculté mi instinto iconoclasta
terminé arrodillado ante ese altar
donde deposité todas aquellas reliquias
que olvidaste tras la abrupta despedida.

Así que si quieres acúsame de idolatría
o de haber mitificado lo que no era más
que un frívolo capricho del destino
pero antes, eso sí, hazme tuyo por última vez.

CRISTO Y MARÍA DE MAGDALA

Eso fuimos:
acertijo y horizonte vago,
aventura nocturna bajo la lluvia,
dos bloques de hielo a la deriva
que con las primeras luces de la alborada
habían agotado ya toda su superficie.
No pudimos arrancar las pestañas
a las livianas córneas de la noche.

SIMÓN DEL DESIERTO

No hay columna de diecisiete metros de altura
en ninguna remota región del desierto
que resista las embestidas de la carne.

Y tampoco hay retiro y penitencia
que durante casi cuarenta años
pueda hacer frente a la caricia de unos labios
en los abismos de la disciplina.
El deseo siempre pisa los talones de la fe.

SITIOS EN LOS QUE QUEDARSE A VIVIR

Quedarse a vivir en aquel viejo videoclip de los Smiths,
en la constante frecuencia de las mareas
o en el brote dorado de los sauces.
Tampoco me importaría anidar todos los días
—aunque sea solo por un instante—,
en ese furtivo cruce de miradas
tras la primera clase de Prehistoria
en los pasillos de la facultad.
Daría lo que fuera por poder habitar
en la resonancia del silencio
tras la orgía de cornetas y tambores
la noche de Viernes Santo
pero, sobre todo,
vendería mi alma al diablo por permanecer
para siempre a lomos de ese caballo que galopa
desbocado
hacia
el
mar.

INVOCACIÓN DE LAS MÉNADES

Esta noche se invoca todo:
a las hijas de Minias, a Hécate
y al arcángel Gabriel.
Reemplazaremos el cálculo racional
por el desenfreno sin medida
y haremos todo lo contrario
de lo que dictan las reglas,
firme soga de tres nudos
—tabernáculo, familia y sacerdocio—,
que, bajo la atenta mirada
de la cara oculta de la luna,
será deshilachada por el súbito instinto
de la fiera.

ERECCIÓN FRENTE AL CRISTO DE VELÁZQUEZ

¿Por qué ese velo de cerrada noche
de tu abundosa cabellera negra
de nazareno cae sobre tu frente?
"El Cristo de Velázquez", Miguel de Unamuno

No hay desnudo más sublime en toda la pintura.
Ni dramáticas magulladuras
ni apenas rastro de sangre sobre su piel.
Tampoco huellas del paisaje del Gólgota.
Todo lo invade una densa tiniebla
tras el último suspiro y su estertor.

Entre esos dos travesaños y sus cuatro clavos
se libran dos encarnizadas batallas
que Velázquez trató de esclarecer:
una, la del sempiterno halo de luz
contra la solemne rotundidad de la sombras
y otra, quizá la más polémica,
la que tras el cara a cara entre
la concupiscencia del que mira
y el preciso instante del deceso
no duda en proclamar que la pulsión erótica
es la réplica natural frente a la muerte.

Y si no me crees detente a contemplar
la sagrada exaltación de su cuerpo,

cada una de sus curvas,
lo que oculta la mitad del rostro hundido
bajo esa ceñida corona de espinas
o el reducido paño de pureza
que anuda entre sus pliegues el deseo.

MAGDALENA PENITENTE

Pedro de Mena logró fijar lo disperso
en algo inalterable,
por eso reclamó las colas del cilicio
y hasta la llegada de las diez plagas de Egipto.

Bajo la inquisidora mirada de Trento
talló el silencio en su rostro
y la ausencia en su mirada,
le añadió un sayal de palma
que desgarraba, a cada paso,
la carne arrepentida
y la garganta huérfana de palabras de María
y un nudo no solo en la soga de la cintura,
sino en el origen de todos sus estigmas.

CRISTO YACENTE DE GREGORIO FERNÁNDEZ

Uñas de asta de toro,
dientes de hueso,
gotas de resina
y heridas de corcho.
Es así como la imagen persuade y agita.

Con esos solo cuatro postizos
la flacidez de la carne
y la tersura de la piel
pasan a un segundo plano.

Nunca un cuerpo en reposo
me turbó de esa manera,
dramática conmoción
para quien creía saber disociar
lo real de lo espiritual
y para quien abandonó el museo
arrepintiéndose de no haber deslizado
apenas un par de centímetros
los pliegues del sudario.

RÉPLICA A UNOS VERSOS DE
TERESA DE JESÚS

Teresa de Ávila escribió en el siglo dieciséis:
nada te turbe, nada te espante todo se pasa,
Dios no se muda, la paciencia todo lo alcanza,
quien a Dios tiene nada le falta sólo Dios basta.

Yo me tomo la licencia de replicarle
en vísperas de rebasar el primer cuarto
de este disparatado siglo veintiuno:
Lo que la vista no alcanza,
la imaginación da forma.
La vida es misterio,
por eso siempre empuja.
La muerte es designio,
por eso arrastra.

EL TEMPLO DE SALOMÓN

La noche que nos volvamos a encontrar,
hermosa reina de Saba,
todo será luz y destrucción,
no habrá bridas que nos retengan
y que impidan reflejarnos
en las sagradas lágrimas de los santos.

Nadie puede trenzar las fibras del deseo
en la cripta del templo de Salomón.

VII

BENDICIÓN

PECADO ORIGINAL

No intercedas por mí. No me salves.
No me libres del mal.
Deja que yo me las arregle
con el fruto prohibido y la serpiente.
Permite que sea el que tenga el privilegio
de volver a cometer el pecado original.

PENITENCIA

Me impongo como penitencia
sobrevivir, por inercia,
al tiempo muerto de las fotografías.

LOBOS

"Sé que después de mi partida, vendrán lobos feroces entre vosotros que no perdonarán el rebaño."

Hechos 20:29

Para B.

Haz callar a los lobos que aguardan
y aúllan en el vientre helado de la noche.

El miedo no me deja dormir.

PIEDAD

No hay umbrales nítidos,
todo a nuestro alrededor
se torna vasto enigma,
indescifrable nudo de palabras,
secreto sepultado bajo las losas del tiempo.

Así que, por favor,
te ruego que escuches esta súplica:
al descender de esta pesada cruz
acógeme en tu regazo
y acostumbra a mis ojos
a atravesar las fronteras de lo obvio.

ACTO DE CONTRICIÓN

El arcángel Miguel arrojando al dragón
de la tierra mojada de los cielos
después de tenerlo aprisionado bajo sus pies.
Dudo mucho que haya un acto de contrición mayor
que este.

GÓLGOTA

La última voluntad de este alborotador
al que solo le esperan los clavos de la cruz
y la sangre bajo la corona de espinas,
la supo de primera mano Simón de Cirene
en su ascenso hacia el monte Calvario:

ni la paz en el mundo
ni el reparto equitativo de la riqueza,
ni siquiera el fin del hambre sobre esta tierra,
solo un desesperado deseo de nombrarte
en el último tramo de la noche
para volver a sentirme a salvo en tu costado.

LA LITURGIA DE LA CARNE

I. PÓRTICO

II. LITURGIA DE LA PALABRA

III. HOMILÍA

VI. COMUNIÓN

VII. BENDICIÓN